Le Livre de Poche

Jeunesse

LE JOURNAL DE CLARA

BRIGITTE PESKINE

LE JOURNAL DE CLARA

Illustrations :
Ingrid Godon

HACHETTE
Jeunesse

1

— Tu emportes un cahier de devoirs de vacances ? chuchota Valérie.

— Ça va pas, non ? m'indignai-je.

Le professeur de biologie m'avait entendue :

— L'année scolaire, mademoiselle Clara Valbert, bien que scandaleusement courte, n'est pas encore achevée, et je vous demanderai donc d'avoir la correction d'attendre la récréation pour bavarder avec votre voisine.

« Pourvu que je ne le retrouve pas en cinquième, celui-là ! » songeai-je. Valérie me tendit son classeur. « Tu dors en pyjama ou en chemise de nuit ? » avait-elle écrit. Je faillis pouffer de rire. Mais en réalité, j'étais aussi excitée qu'elle, et un peu inquiète, à l'idée de passer une semaine avec elle chez ma grand-mère. Je n'avais jamais invité de copine en dehors de chez moi. Et encore, c'était avant la séparation de mes parents.

Quelques jours plus tard, j'étais à la gare avec ma mère et mon frère. Maman n'aime pas les départs. Ça la rend nerveuse, et je dois faire appel à toute ma patience pour supporter ses recommandations :

— Tu ne parles à personne dans le train. Excepté Valérie, bien sûr. À Beaugency, tu prends tes affaires et tu te prépares à descendre. Mamie sera sur le quai. Voyons, un paquet de biscuits, des chewing-gums, un

K Way, deux illustrés, trois livres, les numéros de téléphone, un peu d'argent, un cardigan pour si tu as froid... Veux-tu un sandwich au fromage en plus ? Ah ! n'ouvre pas la valise, tu ne pourrais pas la refermer. Ton sac à main, tu le prends en bandoulière, n'est-ce pas, et tu ne le lâches pas, même pour aller te laver les mains...

— Ohé, maman, relax ! J'ai onze ans ! On dirait que je pars au pôle Nord !

— Et ton amie qui n'arrive pas ! Si ça continue, vous allez rater le train ! continuait ma mère.

Ce n'était pas Valérie qui était en retard, mais nous qui étions ridiculement en avance. Comme d'habitude...

— Attention ! Pierre, dis-je à mon petit frère, je te confie maman. Alors pas trop de télé et pas trop de surgelés...

— Tu te crois indispensable ? plaisanta maman. Pierre et moi, on va bien s'amuser en ton absence. Pas vrai, fiston ?

— Bof ! rétorqua l'ingrat de service.

Enfin Valérie arriva, entourée de son père et de sa mère. Ça faisait toujours un peu bizarre de la voir avec ses cheveux en baguettes de tambour et ses yeux bridés au milieu de ce couple de Français moyens. Elle était née en Corée et avait été adoptée à un an. Ses parents étaient à peu près aussi inquiets et protecteurs que ma mère. Nous avions de quoi nourrir une armée avec nos provisions de voyage...

Il m'était difficile de décrire mamie à Valérie. C'était ma grand-mère, point final. La mère de ma mère, encore jeune et alerte, avec un avis très raisonnable sur tout. Raisonnable n'est pas vraiment le mot. Conformiste, plutôt : certaines choses se font, d'autres pas. Comme le divorce, par exemple. En même temps, elle n'était pas idiote, et savait qu'il fallait « vivre avec son temps », comme elle disait. Mais ce temps ne lui plaisait qu'à moitié. Bref, j'étais contente de ne pas passer cette semaine seule avec elle.

Valérie, je la connaissais depuis mon entrée

en sixième. Elle venait d'une autre école primaire. Et c'était sans doute ce qui m'avait attirée, en plus du fait qu'elle était physiquement différente. Et sympa. Je voulais tirer un trait sur le primaire, et surtout cette année de CM2 où mon univers avait basculé.

Mamie nous attendait à la gare, bronzée, un panier à la main. Elle sursauta en découvrant Valérie, et je me reprochai de ne pas l'avoir prévenue que ma copine était asiatique. Valérie ne broncha pas. Elle devait être habituée à cette réaction.

— Des framboises ! C'est pour le déjeuner ? demandai-je.

— J'ai commencé les confitures. Je compte sur toi, heu ! sur vous, pour m'aider. Comment va maman ? Pas trop fatiguée ?

Pour mamie, maman devrait toujours être fatiguée. Elle ne me croit pas quand je lui dis que nous rigolons bien tous les trois...

Valérie s'extasia sur la maison, le jardin, le vieux portique rouillé où Pierre avait failli attraper le tétanos (d'après mamie : en fait, il est vacciné, comme nous tous), et le chien des voisins. Je retrouvai avec plaisir ma chambre, ma commode et le premier tome des *Jalna* que j'avais commencé l'été dernier. Je défis ma valise toute seule. Avant, c'était mamie qui s'en chargeait, et elle se croyait autorisée à venir chercher mes affaires sales, à ranger le linge propre, bref à être sans arrêt la main dans mes tiroirs. Aux dernières vacances, j'avais mis les choses au point : « Si tu veux que je revienne, respecte ma vie privée », avais-je dit. En échange, je promis de ne plus empiler les vêtements sur une chaise au fur et à mesure que je les portais. Le genre de promesse qu'on ne tient pas...

Valérie découvrit avec surprise un cahier de devoirs dans sa valise : sa mère n'avait pas pu résister...

— Mais pourquoi ? fis-je. Tu es bonne élève !

— Le syndrome des parents adoptants, grimaça-t-elle. Ils ont peur qu'on soit nés idiots !

Depuis l'arrivée d'une « petite sœur » de quatre ans, qui s'intégrait difficilement, la famille de Valérie avait pas mal fréquenté les psychologues. Ma copine les trouvait encore plus cinglés que leurs patients et riait de leur vocabulaire... dont elle faisait pourtant usage !

— C'est à toi ? dit-elle, berk !

Elle sortit de l'armoire mes baskets de l'année dernière et les lança à travers la chambre. Un objet incongru en jaillit. Mon journal intime. Un carnet avec une languette et une petite serrure qu'on m'avait offert pour mon anniversaire.

Je l'avais caché au fond de la chaussure droite. Le journal avait été mon seul confident, l'année précédente, pendant que mes parents se séparaient. Je l'avais laissé là, fermé à clé. Je ne voulais pas le rapporter à la maison. Il était trop plein de chagrins.

2

— Rends-le-moi ! m'écriai-je.

Valérie avait ramassé le carnet et cherchait à l'ouvrir.

— Pas question ! Je vais enfin savoir qui tu préfères de Karim ou de Basile ! Et avec combien de garçons tu es sortie avant le collège !

Elle dévala l'escalier en gloussant, et je la suivis, pleine de rage impuissante.

— De toute façon, tu ne pourras pas l'ouvrir ! Il est fermé à clé !

— Que tu crois !

Valérie s'était assise sur la vieille balançoire et montait de plus en plus haut. Mamie, qui moulinait des groseilles dans la cuisine, sortit en entendant nos cris.

— Descends de là, petite, la corde est fragile ! cria-t-elle.

Mais Valérie n'entendait plus. Elle avait réussi à faire sauter la languette et lisait la première page. Du coup, elle lâcha prise et tomba dans l'herbe mouillée, pendant que la balançoire continuait à osciller au-dessus d'elle. Je me précipitai et lui arrachai le carnet des mains.

— Excuse-moi, balbutia-t-elle. Je ne voulais pas te...

Je ne pouvais que bafouiller : « Je te déteste, je te déteste ! » Les larmes brouillaient ma vue. Je ne me souvenais plus exactement de ce que j'avais écrit mais ces mots m'appartenaient, et personne n'avait le droit de me les voler.

Mamie avait rejoint Valérie et la grondait pour son imprudence. Je m'enfuis dans le bois tout proche. Mon cœur battait à tout rompre. Je m'assis sur une souche pourrie et tentai de retrouver mon souffle. Que pouvais-je faire ? Reprendre le train en sens inverse en abandonnant Valérie à ma grand-mère ? J'imaginais les drames et les explications que cela provoquerait. Non, me calmer, comme d'habitude, accepter, comme d'habitude...

Pas tout de suite.

J'ouvris le carnet que plus rien ne protégeait.

1er avril

Drôle de poisson d'avril ! Tout va mal. D'abord qu'est-ce qu'on fait ici, Pierre et moi ? D'habitude, à Pâques, on va au ski avec papa et maman. Cette année, mamie est venue nous chercher en voiture. Je n'aime pas sa façon brusque de conduire. Maman aussi se crispe au volant ; papa est nettement plus à l'aise. Encore que papa, depuis quelque temps, ne soit vraiment pas très cool.

Je suis d'accord avec maman quand elle trouve qu'il rentre trop tard le soir, mais elle n'est pas diplomate. Elle se met à crier, alors lui aussi. Parfois ils me prennent à témoin. L'horreur. Parce que si papa a tort, maman aussi a tort de râler avant qu'il n'explique où il était. De toute façon, on nous envoie au lit, Pierre et moi, comme ça ils sont tranquilles pour les cris et les larmes, et les déménagements au milieu de la nuit. Comme si je ne savais pas que papa dort sur le canapé du salon... Je le vois quand je vais faire pipi : j'ai toujours envie vers six heures du matin.

Je ne sais pas pourquoi j'écris tout ça, parce que je suis chez mamie maintenant, où personne ne crie. Sauf qu'elle m'énerve à parler des heures au téléphone avec maman.

En fait c'est débile d'écrire un journal, mais tant pis ! Quand j'aurai fini, je déchirerai tout.

2 avril

Mamie fait toujours plein de mystères avec maman. Moi, quand je peux enfin prendre l'appareil et lui parler, je vois bien que je ne l'intéresse pas. Elle me demande si je suis sage et si je mange bien. Comme si elle ne savait pas qu'on est complètement gavés, ici.

Pierre se construit une cabane, il doit se prendre pour un Castor Junior. De temps en temps je vais l'aider, parce que c'est quand même assez marrant, mais pas trop longtemps. En plus, il fait froid.

Mamie m'explique les arbres, les bourgeons, le printemps, tout ça ; j'en ai rien à fiche.

Elle ferait mieux de s'adresser à Pierre, parce que lui, il veut passer la nuit dans sa cabane, donc la nature ça doit pas trop l'embêter. Mais non, c'est toujours avec moi qu'elle veut discuter, comme s'il y avait quelque chose qu'elle essaierait de me dire sans y arriver. Faut avouer que je ne l'aide pas. Exprès.

3 avril

Papa a téléphoné. Il est en voyage d'affaires. Je n'avais pas compris qu'il devait partir. J'espère qu'il me rapportera un cadeau.

4 avril

J'ai compris, je ne suis pas aussi demeurée qu'ils le croient.

5 avril

Pierre m'a complètement sciée. Toute la nuit je m'étais demandé comment je lui dirais. Vu qu'ils nous abandonnaient tous, il fallait bien que je m'occupe de mon petit frère ! J'ai commencé à lui parler de son copain Benjamin dont les parents sont divorcés. Il vit quinze jours chez l'un, quinze jours chez l'autre. Et Pierre m'a répondu : « Moi, je reste avec maman. Et toi ?

— Tu le savais ?

— Quoi ?

— Ben que... »

C'est plus fort que moi, je n'arrive pas à prononcer le mot. Pierre, pas dégonflé, avait décroché le téléphone dans la cuisine pendant que mamie parlait à maman avec celui du salon.

Je suis partie en courant à l'autre bout du jardin et je me suis mise à pleurer.

Ma gorge se serre, mon nez picote, ça y est, je pleure...

J'étais aveugle... Ou carrément débile... Cette impression, ce jour-là, près de la cabane de Pierre, comme si soudain le sol s'était dérobé sous mes pieds... Je faisais la fière en disant que j'avais compris, mais je n'espérais qu'une chose : qu'on m'affirme le contraire. Ce n'était pas possible, pas eux, pas mes parents...

J'avais brusquement ressenti une peur atroce. Peur qu'on décide à ma place, peur d'avoir à déménager, peur de quitter ma chambre, mon école... Pourquoi m'avait-on envoyée chez mamie ? Où allais-je vivre quand je rentrerais ? Avec qui ?

J'entendais Valérie s'égosiller :

— Clara, reviens, je m'excuse ! Clara ! Ta grand-mère te demande !

On ne disparaît pas si facilement. J'essuyai mes larmes et rejoignis le monde des traîtres. Me voyant marcher d'un pas décidé vers la maison, Valérie se réfugia dans la cuisine, regard baissé. Ma colère était tombée, mais ça me plaisait assez qu'elle se sente coupable.

Mamie surveillait la cuisson de la gelée de groseilles pendant que ma copine rinçait le presse-purée.

— Il reste du rouge, murmura-t-elle.

— Les cassis de l'an dernier, expliqua mamie.

Puis elle me regarda en face.

— À propos, vous avez fini les six pots que je vous ai donnés ? me demanda-t-elle.

— Maman est au régime et Pierre n'aime pas ça. Je les ai donnés à papa et Domi.

Valérie me lança un regard furtif et mamie pinça les lèvres : elle n'aimait pas entendre parler de son ex-gendre et surtout pas de Dominique, la nouvelle compagne de mon père.

— Et chez toi, Valérie ? reprit mamie. Quel genre de confitures fait-on ? Des litchis, des kumquats ?

— Ses parents sont français, mamie, fis-je.

— Oui, bien sûr, mais vous avez gardé certaines recettes, je suppose !

— À part un arrière-grand-père espagnol, le reste de ma famille est berrichon pur jus, dit Valérie.

Mamie la regarda et ne dit plus rien. Je montai dans ma chambre, où Valérie me rejoignit.

— Excuse-moi, répéta-t-elle. Je ne savais pas que c'était personnel. D'habitude, quand les filles tiennent un journal intime, c'est plutôt pour coller des photos de garçons...

— Bof ! on est quitte, marmonnai-je. Vu

le tact de ma grand-mère... Décidément, pour un premier jour, c'est réussi...

— J'ai l'habitude, répondit Valérie. Pour ta grand-mère, je veux dire. Si tu avais vu la mienne quand Pham est arrivée !

— Elle a un nom chinois ?

— Coréen. À quatre ans, c'est traumatisant de changer. Heureusement, du côté de mon père, les grands-parents sont très cool... Tu sais, heu... si tu as des problèmes, ou si tu en as eu l'an dernier, ça fait du bien d'en parler... Moi, par exemple...

— Toi, par exemple, tu es allée t'asseoir sur les genoux d'une dame très gentille, et tu lui as dit que tu étais très malheureuse, et elle t'a demandé pourquoi, et après tout allait bien. Eh bien, tant mieux pour toi.

— D'abord je n'étais pas assise sur ses genoux, et ensuite c'est nul de présenter les choses comme ça. Je m'en moque bien, moi, de tes petits secrets ! Je voulais t'aider, c'est tout !

— Je ne t'ai rien demandé !

Elle me laissa seule et bientôt j'entendis grincer la balançoire rouillée. Je m'approchai de la fenêtre. Valérie ne jouait plus à monter haut. Elle laissait reposer ses pieds sur le sol et oscillait pensivement, les yeux perdus au loin. Je me sentais envahie d'une colère nouvelle, qui n'était pas seulement dirigée contre ma copine. Je ne voulais ni lui parler ni l'écouter. Mais au fond de moi une petite voix murmurait que j'avais tort.

3

Après la séparation, il avait été question que mamie vienne habiter à la maison, soi-disant pour s'occuper de Pierre et de moi. Maman était tellement perdue qu'elle aurait peut-être accepté si je ne m'y étais opposée : pour loger mamie, j'aurais dû partager la chambre de mon frère. J'ai fait une scène, j'ai pleuré, on m'a traitée d'égoïste et tout. Ensuite, j'ai eu des remords en voyant à quel point c'était dur pour maman. Mais aujourd'hui, je suis certaine d'avoir eu raison.

Une grand-mère, c'est très bien pour passer des vacances. Pas pour vivre toute l'année ensemble. D'ailleurs, à la rentrée, maman allait mieux et il n'a plus été question de prendre mamie à la maison.

D'après les bruits de vaisselle que j'entendais, la gelée de groseilles avait fini de bouillonner dans la bassine de cuivre. Un peu ennuyée de m'être à nouveau disputée avec Valérie, je redescendis à la cuisine, histoire de montrer que tout allait bien entre nous...

J'ai une grand-mère à principes, qui adore citer les dictons de l'ancien temps, comme : « On mange les huîtres pendant les mois en "r" » ou « Les gelées de fruits ne prennent qu'après les gelées d'hiver »... Pas question, donc, de goûter au contenu des pots, mais mamie avait mis de côté l'écume, une sorte de mousse rose délicieuse (hyper-écœurante), sachant que nous nous en régalerions.

— J'ai maigri, je peux y aller ! fis-je.

— C'est vrai, tu t'es allongée. Quant à Valérie, elle pourrait se remplumer un peu, ça ne lui ferait pas de mal !

— Je ne grossis jamais, soupira-t-elle.

— C'est injuste ! m'exclamai-je.

L'été précédent, chez mamie, je m'étais mise à manger comme jamais. Surtout des sucreries. Je prenais ma bicyclette et partais acheter du réglisse, des petits ours en gélatine, des Carambars, que je dévorais entre les repas. J'en rapportais à Pierre, mais lui, il faisait la grève de la faim. Mamie s'en désolait. À la fin des vacances, j'étais plutôt rondouillarde et Pierre maigre comme un coucou. Laurel et Hardy.

Malgré mes efforts pour oublier le passé, tout m'y replongeait. C'était la faute du journal. Tant que je n'en aurais pas terminé la lecture, les souvenirs continueraient de me submerger... et de m'attrister.

— J'ai un peu mal au cœur, dis-je, je peux remonter dans ma chambre ?

— Tu ne préfères pas sortir, par ce beau temps ?

Il bruinait. Je fis la grimace. Valérie hésita.

— Tu veux que je vienne ? demanda-t-elle.

— Tout à l'heure, répondis-je. Quand tu auras fini les étiquettes.

Elle m'envoya un regard compréhensif, et j'eus un peu honte de l'avoir rejetée. Mais je ne me sentais pas encore prête à partager.

6 avril

C'est Pâques aujourd'hui. J'ai refusé d'aller à la messe. Mamie est partie avec Pierre. On dirait qu'elle n'ose plus me commander. Je suis seule à la maison. Est-ce que je vais avoir le courage de le faire ?

*

Ça y est. J'ai téléphoné à maman. Au début, elle avait une voix bizarre. Elle pleurait, je crois. J'ai failli raccrocher, je ne supporte pas quand maman pleure.

J'ai dit : « Où est papa ? » Elle a répondu : « En voyage. » J'ai crié : « C'est pas vrai ! »

Alors elle m'a dit que papa avait quitté la maison. Elle voulait nous l'expliquer à notre retour, au calme, et peut-être serait-il venu, lui aussi, pour cette explication.

« Il ne nous aime plus ? ai-je demandé.

— Mais si, bien sûr que si. Vous continuerez à le voir.

— Donc c'est à cause de toi qu'il s'en va ? »

J'ai tout de suite regretté d'avoir dit ça. C'était vraiment méchant. Et maman luttait pour ne pas se remettre à pleurer. Elle a respiré fort (je l'entendais dans l'appareil) et elle m'a répondu qu'entre un homme et une femme, les relations sont compliquées, fragiles ; parfois on rencontre quelqu'un d'autre, et on a envie de refaire sa vie et...

« Papa est amoureux de quelqu'un d'autre ? » me suis-je écriée.

Je n'arrivais pas à y croire.

Maman a juste murmuré : « Oui. »

Alors je l'ai imaginée toute seule avec son chagrin, et j'ai dit que je voulais revenir tout de suite à la maison. Elle a toussé, sa voix est devenue plus ferme. Elle m'a expliqué qu'elle avait des décisions à prendre et surtout des gens à voir parce qu'elle allait reprendre son ancien métier de comptable. Que je ne devais pas m'en faire, que j'étais toujours sa Clarinette et qu'elle comptait sur moi pour ne rien dire à Pierre.

« Il le sait déjà, il a écouté quand tu parlais à mamie. »

J'ai senti qu'elle recommençait à paniquer.

« Ne t'inquiète pas, je m'occupe de lui », ai-je ajouté pour la rassurer.

J'ai peur. Comment ça va se passer pour nous ? Est-ce qu'on va me séparer de Pierre ?

7 avril

Lundi de Pâques. Papa a téléphoné et j'ai refusé de lui parler. C'est à cause de lui que tout est arrivé. Il n'avait pas le droit de faire ça.

Je me suis rappelé des trucs. Papa trouvait que maman perdait son temps à troquer des vêtements d'enfants ou à échanger des recettes de cuisine avec ses amies. Il parlait des femmes qui travaillaient avec lui. Maman disait qu'elles avaient peut-être un emploi intéressant. Elle, plutôt que d'aligner des chiffres, préférait s'occuper de nous.

En fait, c'est ma faute. Quand j'étais à la maternelle, j'étais tout le temps malade et maman a dû quitter son travail. Ensuite, j'ai refusé d'aller à la cantine. Même maintenant, je sais à peine rentrer toute seule de l'école. Pierre, lui, connaît le chemin depuis longtemps.

Papa trouvait toujours que chez les autres, c'était mieux que chez nous. Il disait qu'avec deux salaires on pouvait se payer des vacances plus chères, et tout ça.

Il n'empêche qu'une fois, maman s'était attardée à une réunion de parents d'élèves et le dîner n'était pas prêt quand papa est rentré, et il a rouspété, et maman lui a dit qu'il n'avait qu'à aller au restaurant, et il y est allé, et justement, ce soir-là, Pierre a avalé un noyau de pêche et on a appelé mamie pour me garder pendant que maman allait aux urgences à l'hôpital, et, quand papa est rentré, il s'est disputé avec mamie et c'était horrible, j'ai mis ma tête sous mon oreiller mais j'entendais quand même tout.

Peut-être que s'ils n'avaient pas eu d'enfants, ils seraient restés amoureux.

4

Valérie me trouva en larmes sur mon lit. Elle s'assit près de moi et attendit. Au bout d'un moment, je me mis à parler, d'une voix sourde d'abord, puis avec une sorte de colère.

— Ce ne sont pas mes parents que je décris là-dedans. Je ne les reconnais pas. Et pourtant, tout est vrai. *Était* vrai. Je me souviens... Le moindre incident provoquait des bagarres, des cris, des mensonges et des protestations de mauvaise foi. Ou bien c'étaient les bagarres qui provoquaient les accidents... On s'affolait pour un rien, tout paraissait si grave... Jamais on n'est allés aussi souvent chez le médecin, aux urgences à l'hôpital, pour des bêtises... Un cercle infernal. Comme si on cherchait à se faire du mal. Enfin, surtout les parents...

— Et maintenant, ça te semble irréel, parce que tu es sortie du cercle.

— Oui. Pas seulement moi, nous tous. Comment as-tu deviné ?

Elle ne répondit pas, se contenta de sourire. Et je me sentis à nouveau agacée par sa supériorité. Elle s'en aperçut probablement parce qu'elle murmura :

— Je me mets à ta place, c'est tout...

J'hésitai à poursuivre ; ça m'intimidait un peu qu'elle me comprenne si bien.

— Ce n'est pas tous les jours génial, commençai-je, mais je n'ai pas, comme l'an dernier, l'impression de m'enfoncer dans l'horreur. Papa ne crie plus et ne prend plus son air excédé. Il lui arrive même de dire des choses gentilles : « Tu féliciteras ta mère pour sa promotion », ou « Sa nouvelle coiffure lui va bien »... Maman se maquille, elle s'habille de façon plus jeune. Mais elle est toujours pressée, elle parle à toute allure et s'énerve quand on ne répond pas au quart de tour. Ça panique mon petit frère. Lui, son genre, c'est de commencer des tas de phrases sans en finir aucune. Il s'est carrément mis à bafouiller. Moi, je trouve ça plutôt marrant. Au collège aussi, on parle vite, surtout les filles. Je suis habituée. Pas lui. Le plus dur, peut-être, ça a été de mettre les choses au point avec mamie.

— Qu'est-ce qu'il y a de drôle ? fit Valérie.

J'avais souri malgré moi.

— Elle appelait tous les matins pour savoir si Pierre et moi avions encore mangé des nouilles la veille au soir...

— Des nouilles ? Pourquoi des nouilles ?

— Un jour, j'ai fait une blague idiote. L'un des premiers mercredis où je m'étais retrouvée toute seule – Pierre était invité chez son ami Benjamin –, Mamie m'avait emmenée voir une exposition. Je m'étais vraiment ennuyée. Elle m'avait fait subir un véritable interrogatoire : Qui vous emmène à l'école ? Y a-t-il beaucoup de bruit à la cantine ? Est-ce que tu vas à l'étude tous les soirs ? Qui prépare le dîner ? etc. Je venais de voir *Sans famille* à la télévision, et j'ai répondu d'une petite voix que je faisais des nouilles toute la semaine et que le dimanche on mettait un peu de beurre dedans.

Valérie se mit à rire à son tour.

— Et elle t'a crue ?

— Un peu !... Tant pis pour elle. J'avais envie de mordre, ce jour-là, et ça m'énervait qu'elle me parle comme à une enfant martyre. Maman n'était pas si nulle, quand même, et moi pas si débile !

Je me tus.

— Et après ?

J'installai le carnet à cheval sur ses genoux et les miens.

— Tiens, lis...

— Je croyais que tu ne voulais pas ! protesta Valérie.

— Qu'est-ce que ça change ? Que je te raconte ou qu'on lise ensemble...

— Ça change beaucoup, dit-elle doucement, tu le sais.

Elle avait encore raison, mais cette fois j'étais prête à l'accepter. Après tout, elle avait six mois de plus que moi, et donc beaucoup plus vécu...

8 avril

Dans cinq jours je retourne à l'école. Je ne veux pas que les autres sachent ce qui est arrivé. Je suppose que Pierre va se rapprocher encore plus de Benjamin : pour lui, c'est arrivé l'an dernier, à Noël... Heureusement qu'on a des vacances pour permettre aux parents de divorcer !

Si la maîtresse l'apprend, je... je ne sais pas ce que je fais. Elle me regardera avec des yeux apitoyés, ce sera horrible. Maman a déjà dû m'inscrire à la cantine et donner une explication. À moins qu'elle ait juste dit qu'elle retravaillait... Sans entrer dans les détails.

Papa ne viendra plus nous chercher le samedi à midi. Je ne sais même pas où il habite maintenant. Peut-être très loin ? Maman a dit qu'il continuerait à nous voir. Est-ce que c'est obligé ? Clotilde ne voit jamais son père. Sa mère est remariée, et Clotilde porte le nom de son beau-père. Je trouve ça dégueulasse.

En fait, il y a plein d'élèves dans ma classe qui ont des familles bizarres. Avec des demi-frères et des demi-sœurs. Pour leur anniversaire, ils ont quatre fois plus de cadeaux, parce que tout le monde leur en fait.

Mais moi je ne veux pas.

Je veux que tout redevienne comme avant, moins les disputes.

Nous étions tellement absorbées que

mamie nous fit sursauter en entrant dans la chambre :

— Vous n'avez pas entendu le téléphone ?

— Non...

— Ta mère, Valérie. Dépêche-toi, ça coûte cher !

Valérie se précipita. Mamie rangea machinalement quelques vêtements qui traînaient. J'avais caché le carnet sous ma cuisse.

— Qu'est-ce que vous lisiez, comme ça, collées l'une contre l'autre ? demanda mamie.

— Rien...

— Remarque, elle est très bien élevée, ta petite amie, mais... Ça y est, vous êtes réconciliées ?

— Oui...

— Tu n'es pas très bavarde, dis donc ! Moi qui me faisais une joie de retrouver ma grande fille ! Et tes parents, ils vont bien ? Ton père a fini son déménagement ?

— Oui. C'est super ; il y a une chambre pour Pierre et moi, comme ça on peut laisser nos affaires. Et puis une pour Julien et une pour Pauline, les enfants de Domi. Parfois on s'invite : je couche chez Pauline, ou Pierre chez Julien. On a des matelas en mousse, faciles à transporter d'une pièce à l'autre.

— Sans sommier ? C'est très mauvais pour le dos !

— Bof !... Domi est docteur, alors si c'était mauvais, elle le saurait !

Mamie fit la moue. Mais les médecins, ça l'impressionne. Du coup, j'ai eu le dernier mot.

5

— Ça va chez toi ? demandai-je d'un ton décidé, comme pour montrer à Valérie que, si elle avait le moindre souci, j'étais prête à la soutenir. Elle comprit et répondit d'une voix enjouée :

— Super ! Sauf que l'appartement est en chantier : mes parents profitent de mon départ pour refaire ma chambre...

Je racontai notre retour de chez mamie,

Pierre et moi, quand nous avions trouvé l'appartement vidé de la moitié des meubles, de la moitié des livres, des disques, et même d'une partie de la vaisselle.

— C'était horrible, fis-je. Horrible. Je ne reconnaissais plus rien, je n'étais plus chez moi. Maman avait une mine affreuse. Elle avait accepté un boulot nul et mal payé, mais affirmait que c'était une sacrée chance d'avoir trouvé si vite. Elle partait tôt le matin après avoir préparé le petit déjeuner, sorti nos vêtements et nos cartables pour l'école.

— Vous ne pouviez pas le faire tout seuls ?

— Si, bien sûr... J'ai honte quand je pense qu'à dix ans je ne savais même pas me beurrer une tartine... Les nuits étaient dures, remarque... Pierre faisait des cauchemars, maman ne l'entendait pas, à cause des somnifères qu'elle prenait, alors c'était à moi de le consoler...

Évidemment dès le lendemain de la rentrée, toute la classe était au courant, et à l'« heure des mamans », ça papotait dur devant la grille… Je déteste ces bonnes femmes ! Elles sont hypocrites et méchantes ! J'ai demandé à fréquenter l'étude, ça m'évitait de les rencontrer.

Il était prévu que nous passerions deux week-ends par mois chez mon père, plus les vacances de février, plus le mois de juillet.

La veille du premier rendez-vous avec papa et Domi, sa nouvelle femme, j'ai vomi mon dîner. Je suis restée au lit toute la journée du samedi à me faire dorloter par maman. Le dimanche soir, mon père a déposé Pierre au bas de l'immeuble, sans monter. J'étais tout à fait guérie, et j'ai posé à mon frère des tonnes de questions. Mais il n'a rien voulu dire. Il me reprochait sans doute de l'avoir laissé tomber.

Deux semaines plus tard, j'avais de nouveau mal au cœur. La maîtresse nous a rendu un contrôle de maths ; j'avais neuf sur vingt. Même si d'habitude je me débrouillais mieux, ce n'était pas une catastrophe mondiale. Et pourtant, je me mis à sangloter sans pouvoir m'arrêter. La maîtresse demanda à une élève de me conduire chez le directeur.

J'avais toujours été assez copine avec M. Cesari, le directeur de l'école. En CE2, il m'appelait la « troisième mousquetaire » parce que j'étais toujours fourrée avec les deux mêmes camarades. Lui-même ressemblait pas mal à Porthos, avec son accent et sa grosse voix.

Il me fit asseoir et me demanda si je voulais que l'on prévienne ma mère. Ou mon père. Je répondis « non » en hoquetant. Je voyais bien qu'il ne voulait pas m'intimider, encore moins me braquer, et c'était vraiment gênant de pleurer comme ça devant lui, mais je ne pouvais pas m'arrêter.

Au bout d'un moment, il me tendit un rouleau de Sopalin et replongea dans ses papiers. Comment supportait-il de m'entendre renifler ? Moi, en temps normal, ça me rend quasiment dingue...

Le téléphone sonna. M. Cesari répondit. Apparemment, c'était sa mère ; elle criait et il essayait de la calmer. Je ne pouvais pas m'empêcher d'entendre ni de sourire à travers mes larmes : M. Cesari m'envoyait des regards éloquents.

— Aïe, aïe aïe, ma petite fille ! fit-il après avoir raccroché. Ça fait cinquante ans que mes parents s'envoient la vaisselle à la figure, et comme je suis fils unique...

Nouvelle sonnerie.

— ... et voici le paternel ! ajouta M. Cesari en décrochant.

Je n'osais pas rire mais j'en avais envie... entre deux sanglots. M. Cesari traitait son père de « macho », avec sa grosse voix et son accent corse, tout en me faisant des clins d'œil.

Quand ce fut fini, il me dit d'une voix gentille :

— C'est dur d'élever ses parents, pas vrai ?

Je fis « oui » de la tête.

— Tu veux en parler avec moi ?

Je souris à Valérie, qui m'écoutait sans m'interrompre :

— Et comme à toi, j'ai répondu que je ne voulais pas...

— On ne veut jamais, au début..., dit Valérie.

Je la regardai, intriguée par le ton calme et triste qu'elle avait employé : que voulait-elle dire par « au début » ? Avait-elle refusé, elle aussi, de parler ?

Je lui racontai mon dialogue avec le directeur.

— Crois-moi, dit M. Cesari, une séparation vaut souvent mieux que des bagarres perpétuelles.

— Mais ils auraient pu se réconcilier, peut-être...

— Tu le penses vraiment ?

— Je ne sais pas. Non. Enfin si, quand même, pour nous, les enfants. S'ils nous aimaient, ils feraient des efforts...

— Ils vous aiment, mousquetaire.

— Maman, oui. Mais papa...

— Comment le sais-tu ?

— Ben, il a une autre femme...

— Et alors ? Tu crois qu'on ne peut pas aimer une femme et ses enfants à la fois ?

— La femme, elle a aussi des enfants. C'est comme si papa s'était trouvé une autre famille, toute faite, sans nous.

— Laisse-leur une chance. Accepte de les voir...

— Comment savez-vous que...

— Ton père est venu ici. Il m'a demandé comment tu allais. Il s'inquiète pour toi.

Alors là, forcément, je me suis remise à pleurer. Mais pas de la même façon. C'était plus doux, ça m'arrachait moins les intérieurs. Puis je me suis mouchée et j'ai demandé à retourner en classe. M. Cesari m'a frotté la tête, c'est une manie chez lui.

— Mon père aussi fait ça, dit Valérie. J'aime bien.

6

Je songeai que mon père, lui, ne m'avait quasiment jamais touchée : ni un baiser, ni rien. Ce n'était pas dans son caractère. Il devait réserver ça à sa..., non : à ses femmes.

— Tu continues ? me pressa Valérie.

Je lui demandai si je ne l'ennuyais pas. Elle me jura que non. J'avais l'impression de dévider un écheveau de laine.

Mon père habitait encore chez Dominique à l'époque.

— On va au restaurant tous les trois, annonça-t-il ce samedi-là, quand il nous récupéra, Pierre et moi, à la sortie de l'école.

— Non, dis-je. Je veux voir ta maison. Et... la dame.

— Qu'en penses-tu, Pierrot ?

— M'en fiche. J'ai pas faim.

Après une brève hésitation, il nous conduisit à l'appartement de Domi.

— Ses enfants sont en visite chez leur père, dit-il. Vous ne les rencontrerez que dimanche soir.

Dominique était en train de faire le ménage. Je fus surprise de découvrir une jeune femme en chemise et en jean, pas maquillée... Je m'attendais à tomber sur une pin-up. Puis je pensai que papa devait aimer les femmes « nature » parce qu'avant leur séparation, maman ne mettait jamais de rouge à lèvres.

Le premier contact fut assez froid.

En plus, il n'y avait rien à manger.

Nous sommes donc allés tous les quatre au restaurant et l'atmosphère se réchauffa peu à peu. Ensuite, ils nous emmenèrent voir un film comique, ce qui acheva de mettre tout le monde de bonne humeur.

Mais c'était un peu forcé. Au moment de me coucher (dans le salon, sur un lit de camp tout neuf), je me sentis très mal. Pierre dormait déjà, on avait gonflé pour lui un matelas pneumatique qui faisait un bruit d'enfer quand il remuait.

Je me levai et me dirigeai vers la chambre où couchait papa. J'ouvris la porte. Il était avec Dominique dans le grand lit. Je ne pus retenir un glapissement.

Valérie sourit à ce mot et je me sentis rougir.

— Ça te fait rire ? dis-je.

— J'imagine la scène, dit-elle.

— Eh bien, ce n'était pas drôle, tu peux me croire ! frissonnai-je.

Je tremblais, mes dents claquaient, je ne pouvais pas parler. Papa enfila une robe de chambre et m'entraîna dans l'autre pièce, celle des enfants de Domi.

Il parla longtemps, je ne sais plus trop ce qu'il me raconta, je me sentais tellement idiote ! Évidemment qu'ils dormaient ensemble, sans ça, pourquoi papa aurait-il quitté maman ? Mais quand même, les voir comme ça... Je cessai bientôt de trembler et papa me recoucha en m'embrassant très fort pour une fois. Je le laissai faire, il semblait en avoir besoin.

— Et la rencontre avec les enfants de ta belle-mère ? interrogea Valérie.

Ma belle-mère. Je n'avais jamais pensé à Domi comme à une belle-mère. Une marâtre.

— Plutôt bien, fis-je.

Julien avait douze ans, Pauline dix. Pendant que Pierre fabriquait une voiture avec le Meccano de Julien, je fis ma petite enquête : Domi, elle, avait déjà divorcé.

Julien m'expliqua que le juge avait fixé la garde des enfants, le droit de visite et la pension alimentaire, mais qu'il n'y avait pas eu de discussion parce que ses parents avaient choisi de divorcer par consentement mutuel. C'est-à-dire qu'ils s'étaient mis d'accord ensemble, avec l'aide de leurs avocats, avant de passer devant le juge.

— On t'a fait choisir entre tes parents ? demandai-je à Julien.

— Non, heureusement.

— Et pour l'argent ? questionna mon frère sans lever le nez de son Meccano. Il y a des pères qui oublient de payer. J'ai un copain, Benjamin, qui m'a raconté que...

— Ne t'inquiète pas, dit papa qui avait surpris la conversation (ou qui nous espionnait). Votre mère et moi, nous ferons tout ce qui sera en notre pouvoir pour que ni toi ni ta sœur ne souffriez trop de la situation...

Papa nous ramena, et maman cria dans l'interphone : « Montez donc tous ensemble ! » Je craignais qu'elle soit restée toute seule pendant le week-end. Mais non. Elle était sortie avec une amie de lycée et paraissait en forme. Mes parents se parlèrent avec calme, courtoisie ; et bizarrement, je trouvai cela encore plus pénible à supporter que le ton hargneux des mois précédents : s'ils se supportaient, pourquoi divorcer ?

Je me tus. Valérie regardait par la fenêtre et son air était dur.

— Excuse-moi, fis-je.

— De quoi ?

— De t'embêter avec tout ça...

— Non, c'est juste que... Se supporter, ça ne suffit pas. Au premier pépin, ça craque. Il faut un véritable amour pour traverser les épreuves.

— Quelles épreuves ?

Valérie se leva avec un geste vague du bras et je n'obtins pas de réponse. Nous descendîmes retrouver mamie.

7

— Ça devrait me faire quinze pots d'abricots, fit ma grand-mère, satisfaite. Regardez cette belle couleur ! Nous avons bien travaillé.

La phrase de Valérie sur l'amour me trottait dans la tête. Mes parents s'étaient-ils vraiment aimés ? Papa aimait-il vraiment Domi ?

— Dis, mamie, tu t'entendais bien avec papi ?

— Oh oui, le pauvre homme !

— Pourquoi le pauvre homme ?

— Il était si déçu d'avoir eu une fille ! Tu comprends, il s'est marié à presque cinquante ans. J'en avais vingt. Oh, en ce temps-là, on ne faisait pas les difficiles ! C'était la guerre... Mon père était prisonnier. Son meilleur ami parvenait à lui faire passer nos lettres. C'est lui que j'ai épousé. L'ami de mon père. Ça faisait plaisir à la famille. Je n'ai pas regretté.

— Tu n'as jamais été vraiment amoureuse, alors ? Passionnément ? À la folie ?

— Sans doute pas au sens où les jeunes l'entendent à présent. Mais j'ai été heureuse, crois-moi. Et personne ne m'a abandonnée...

— Ben si, puisqu'il est mort.

Mamie ne répondit pas. Je l'avais choquée. Je songeai que maman avait grandi sans père. Moi, au moins, j'avais mes deux parents, même s'ils ne vivaient pas ensemble.

— Je voudrais tomber amoureuse et le

rester pendant toute ma vie..., murmurai-je. Comme M. Cesari.

— M. Cesari ?

— Mon ancien directeur d'école. On est devenus amis. Il est marié depuis trente ans et il a quatre enfants. Si tu le voyais avec sa femme ! Ils sont encore complètement aux petits soins ! C'est chouette...

Mamie hocha la tête. Elle n'avait pas l'air tout à fait convaincue. Je me dis que ça lui ferait les pieds si maman tombait de nouveau amoureuse. Pour trente... non, quarante ans même : on vit vieux, à notre époque. Sauf que je n'aimerais pas trop avoir un beau-père, comme Clotilde...

Valérie, qui était restée muette pendant toute la conversation, prit soudain la parole :

— Mes parents, je pense qu'ils s'aimeront toujours. Mais, eux, ils ont souffert, c'est différent.

Soudain, je compris ce que signifiaient les épreuves que, selon mon amie, les couples devaient parfois traverser. Ma grand-mère regardait Valérie avec une attention nouvelle.

— Parce qu'ils n'ont pas pu avoir d'enfant ? murmurai-je.

— Oui.

Elle se tut. Je sentis que si je trouvais les mots justes, Valérie pourrait se mettre à parler à son tour. Mais elle reprit d'elle-même :

— J'imagine ce qu'ils ont ressenti quand leurs amis attendaient des bébés et qu'eux... Ensuite, il y a eu les médecins, les traitements... Maman a pris vingt kilos en un an... et toujours rien... Très vite, c'est devenu une obsession, ils avaient tellement peur que ça rate...

Je regardai mamie. Je me demandais comment elle réagissait à ce discours, impensable de son temps : Valérie n'était pas seulement mon aînée de six mois, elle avait une maturité inhabituelle pour son âge, due à sa fréquentation des psychologues, ou à sa sensibilité propre... Inhabituelle et peut-être choquante aux yeux de ma grand-mère.

— Et quand tout a échoué, continua Valérie, ils ont entrepris les démarches pour adopter...

— J'ai des amis à qui c'est arrivé, dit mamie. On leur a fait passer des tas de tests, avec des questions pièges, comme s'ils étaient coupables de quelque chose...

— Moi, je crois qu'ils se sentaient en faute, renchérit Valérie, parce qu'ils n'arrivaient pas à faire ce que tout le monde fait si facilement, parfois même sans le désirer.

La voix de mon amie se brisa. J'étais éberluée. Comment avait-elle compris ce que ses parents avaient vécu avant même qu'elle ne partage leur vie ? Et où ma grand-mère avait-elle caché cette surprenante compréhension ? Je me demandai si je ne l'avais pas mal jugée.

— Moi, ils m'ont eue toute jeune, reprit Valérie. Ça s'est bien passé. Mais je ne leur ressemblais pas. La famille, les amis, les gens dans la rue, ça compte. Il fallait expliquer, justifier... Et puis Pham est arrivée. Mes parents avaient eu de la chance d'avoir eu un bébé en premier, on leur a demandé de se montrer plus coulants pour le deuxième.

— Je ne comprends pas, dis-je.

— Tout le monde veut adopter un bébé. Alors qu'il y a des enfants plus âgés qui attendent dans des orphelinats...

— Coulants, quel mot affreux ! murmura ma grand-mère.

— Pham a eu du mal à s'adapter. Ce n'était la faute de personne, ma sœur avait sans doute souffert avant d'arriver chez nous, et ça, c'est dur à guérir. Moi, j'ai été jalouse...

— Parce qu'ils ne s'occupaient que d'elle ? demandai-je.

Valérie hocha la tête.

— Ça n'a rien facilité, que je fasse ma petite crise...

— Et ils t'ont emmenée voir un psychologue ?

— Oui mais... (Elle se mit à rire.) En fait, dès qu'ils me l'ont proposé, j'ai commencé à aller mieux : ça prouvait qu'ils faisaient toujours attention à moi ! Maintenant, on est sur la bonne voie, tous les quatre. Si les parents ne s'étaient pas aimés aussi fort, on n'y serait pas arrivés. C'est pourquoi je pense qu'ils s'aimeront toute leur vie, parce que c'est le seul truc solide de leur existence...

— Avec toi, murmurai-je.

Valérie me lança un regard mouillé et sortit au jardin. Je la laissai seule et montai dans ma chambre. Ma grand-mère semblait aussi émue que moi. Parfois, ça fait du bien d'entendre les histoires des autres. Ça aide à relativiser.

Il était temps que j'achève la lecture du journal. Ce serait rapide, car je n'avais pas écrit de tout le troisième trimestre : sans doute avais-je moins besoin de béquilles... Et puis tout le monde sait que le troisième trimestre est le plus court de l'année. Les dernières pages dataient des grandes vacances, juste un an plus tôt.

3 juillet

Ça y est, j'en ai fini avec l'école. M. Cesari m'a dit que je pourrais revenir le voir quand je voudrais. Il connaît un peu le collège où je vais aller et il est certain que je m'y plairai. La plupart de mes amis vont dans l'autre collège de la ville. C'est moi qui ai choisi : je veux voir de nouvelles têtes. Mais j'ai un peu peur de me retrouver toute seule.

Je n'ai pas osé relire ce que j'avais écrit pendant les vacances de Pâques. Ça m'aurait fait pleurer.

Je suis souvent triste mais moins angoissée. Les formalités du divorce sont en cours. Les parents évitent de se disputer en notre présence. Peut-être d'ailleurs qu'ils ne se disputent plus.

6 juillet

Maman est venue passer le week-end. Cette année, elle ne peut pas prendre de vacances parce qu'elle a trouvé un nouveau travail. Ça a l'air beaucoup mieux que l'ancien, mais elle revient tard certains jours. Alors nous nous sommes organisés. Une dame vient faire le ménage et préparer le dîner ces soirs-là. Bientôt, pour le dîner, je pourrai me débrouiller, j'aime bien ça. Pierre met le couvert dans la salle à manger. Il ne veut plus picorer à la va-vite sur la table de la cuisine. Plus tard, il fera un sacré maniaque, celui-là ! Mais je dois admettre que c'est sympa de prendre son temps, de se raconter la journée, de paresser un peu à la fin du repas. Maman fume une cigarette, on lui dit qu'elle nous intoxique et elle promet qu'elle va arrêter : mon œil ! Parfois nous grignotons des noix pour faire durer le plaisir et repousser le moment d'aller au lit.

Chez papa et Domi, c'est très différent. Domi n'aime pas faire la cuisine ; je suis étonnée de voir que papa ne rouspète pas. Nous nous arrangeons maintenant pour que Pauline et Julien soient là les mêmes week-ends que nous, et nous partons à la campagne : Domi est une fana de marche à pied. Ça fait assez colo, mais bon, autant que je m'habitue, parce que maman parle de nous envoyer en colonie de vacances grâce au comité d'entreprise de sa société.

Au début, Pierre était à la traîne, il avait l'impression qu'on ne voulait pas jouer avec lui. C'est vrai qu'il est le plus petit mais c'est aussi le plus malin. Depuis que les autres l'ont compris, ça va mieux. Il a découvert que Domi avait une collection de fossiles (elle a des collections de tout), et il est dans sa période fossiles. Avec lui, il ne faut s'étonner de rien...

Je me demande comment va se passer ce mois entier dans la maison que papa a louée. Il a dit qu'il allait nous inscrire à des tas d'activités. Quand on l'a raconté à maman, elle a rétorqué que lui, il pouvait se le permettre.

Je n'aime pas quand maman parle comme ça ; je crois qu'il y a quelques problèmes au sujet de la pension alimentaire. D'un autre côté, elle se défend, et je trouve ça bien.

C'était drôle d'ailleurs, ce week-end, de la voir tenir tête à mamie. J'étais fière d'elle.

10 juillet

Plus le temps d'écrire. Les voisins sont arrivés, ils ont une fille de mon âge et je *passe mes journées avec elle. On s'achète des bonbons. Elle a une bicyclette avec un dérailleur. J'ai décidé de demander à papa de m'en offrir une. Puisque lui, il peut se le permettre...*

Le journal se terminait là. Je refermai le carnet et restai songeuse. Allais-je continuer, remplir les pages blanches avec le récit de ma sixième ? Le prof de biologie et ses phrases pompeuses ? La colo... heu ! pardon, le « stage de poney » à Noël ? Ma première boum, chez moi, pour mes onze ans ? Les autres boums, Basile... ? Et surtout Valérie... ?

Je saisis mon stylo.

Un an après. 21 juin

Quand Pierrot m'a dit, avant-hier, que le père de Benjamin avait eu un bébé avec sa nouvelle femme, au début ça ne m'a rien fait. C'est une fille ; la demi-sœur de Benjamin.

Et puis j'ai compris que papa et Domi, peut-être, souhaiteraient avoir un enfant ensemble, un jour.

Ça m'a fait mal. Tellement mal que je suis partie voir M. Cesari : il fallait que j'en parle à quelqu'un, et il avait été si gentil, l'année dernière... Mais en chemin, j'ai changé d'avis. Je suis rentrée à la maison et j'ai fait ma valise pour venir ici. Puisque maman déteste faire les valises...

J'ai décidé de m'habituer à l'idée du demi-(frère ou sœur) pour avoir moins mal le cas échéant : par conséquent, chaque jour, je m'obligerai à y penser une ou deux minutes.

Pas beaucoup de progrès depuis hier. Le choc dans la poitrine est peut-être un tout petit peu moins fort. À peine.

Je suppose que ça prendra du temps. Mais le temps, c'est justement ce que j'ai, contrairement aux parents. C'est pour ça qu'ils sont pressés d'être heureux. Quitte à nous faire de la peine.

Je relus la page. Puis j'ajoutai une ligne, une seule :

Valérie est ma meilleure amie. Une amie « d'après », une amie pour la vie. Je fermai le carnet et l'entourai de ruban adhésif. C'était fini, fini. Écrire son journal, ça fait du bien, mais ça donne le cafard. Penser à soi, c'est toujours un peu triste. Alors qu'il y a d'autres gens, dehors, qui ne demandent qu'à partager.

Je fourrai le paquet scotché au fond de ma vieille basket et respirai profondément, malgré ma gorge nouée. Valérie était assise sur la balançoire, à l'arrêt. Je l'appelai et elle essuya vivement ses joues. Décidément, c'était un jour à larmes.

Je sortis de ma valise un grand bloc de papier à dessins et une pochette de feutres. Maman avait décidé de redécorer l'appartement et j'étais libre d'aménager ma chambre à mon goût. Je lui avais promis de travailler sur les plans pendant les vacances.

Valérie entra dans la chambre. Quand elle vit mon dessin, elle s'exclama :

— Un lit en mezzanine ! Moi aussi j'en ai demandé un à mes parents ! Mais regarde, on va le mettre comme ça...

Elle saisit mon crayon, j'en pris un autre. Nous n'entendîmes pas ma grand-mère appeler pour le dîner. Nous dessinions, gommions, reprenions, la main ferme et les joues roses d'excitation. Je me sentais confiante et heureuse : mon bateau avait franchi la tempête. La mer était encore un peu agitée, mais le soleil pointait à l'horizon.

Brigitte Peskine

Brigitte Peskine est née à Paris en 1951. Elle a commencé à écrire pour les adultes, mais en voyant grandir ses trois filles, elle a eu envie de leur raconter des histoires qui les concernent. Lorsqu'elle-même avait dix ou douze ans, il n'existait guère de romans auxquels s'identifier : en fait, elle écrit les livres qu'elle aurait voulu lire à cet âge ! Aujourd'hui, elle s'adresse alternativement aux grands et aux moins grands, tant dans ses romans que dans les scénarios qu'elle conçoit pour la télévision.

Si vous avez aimé ce livre, vous aimerez aussi dans la collection Le Livre de Poche Jeunesse :

Un toit pour nous trois
Jackie French Koller
Traduit de l'américain par Jean-Jacques Pédussaud
Anna dissimule la vérité à tout le monde : leur mère vient de mourir. Il faut alors masquer la détresse, mentir pour rester unis. Car qui voudrait de trois enfants, âgés de un, cinq et quinze ans ? Mais combien de temps peut-on cacher un tel secret ?
12 ans et +
N°642
Prix Plaisir de lire du Salon de Jeunesse d'Auxerre 2000

Parvana, une enfance en Afghanistan
Deborah Ellis
Traduit de l'anglais (américain) par Anne-Laure Brisac
Parce que son père a été fait prisonnier par les talibans, Parvana brave l'interdiction faite aux femmes de sortir dans les rues de Kaboul sans être accompagnées par un homme. Habillée en garçon, elle part travailler au marché afin de rapporter chaque jour de quoi nourrirr sa mère et ses sœurs. Mais le danger est grand qu'on l'identifie, et Parvana risque très gros...
11 ans et +
N°779

Les quatre filles du docteur March
Louisa May Alcott
Traduit de l'américain par Anne Joba
Meg, Jo, Beth, Amy, quatre sœurs, chacune à sa façon, travaillent et font des miracles en l'absence de leur père.
10 ans et +
N°41

Une guerre en Europe
Atelier Post-Scriptum
Les nouvelles de ce recueil ont toutes été écrites par des jeunes bosniaques âgés de 16 à 25 ans pendant la guerre et qui témoignent de leur vie à Sarajevo.
13 ans et +
N°705

Une amie d'enfer
Jacqueline Wilson
Traduit de l'anglais par Shaïne Cassim
Robes roses et nattes de bébé, son accoutrement vaut à Mandy d'être le souffre-douleur de l'école. Jusqu'au jour où Tanya la prend sous son aile.
12 ans et +
N°683

Ce jeudi d'octobre
Anna-Greta Winberg
Traduit du suédois par E. Vincent
Comment une fille de treize ans comprendrait-elle la séparation de ses parents avant d'avoir vécu elle-même une première approche de l'amour ?
12 ans et +
N°6

La double vie de Figgis
Robert Westall
Traduit de l'anglais par Marianne Costa
Figgis, un garçon très fragile, est très perturbé par les événements qu'il voit au journal télévisé. Son frère comprend qu'un soldat iranien s'est emparé de l'âme de Figgis.
11 ans et +
N°615

Juste un coin de ciel bleu
Jacques Vénuleth
Cecilia rencontre Sevim, un jeune clandestin de son âge, qui a fui son pays après la mort de sa mère. Elle va l'aider à retrouver son père venu travailler en France. En butte à l'hostilité de la ville, unis par cette quête, les deux adolescents vont apprendre à se connaître et à s'aimer...
11 ans et +
N°693

Les pierres du silence
Jacques Vénuleth
Miyasa ne parle plus mais se confie à son journal intime. Elle essaie de renouer avec le fil de sa vie, de comprendre le drame qui l'a brisé : être Palestinienne en Israël.
12 ans et +
N°527
Prix du roman du Ministère de la Jeunesse et des Sports 1994

Mon bel oranger
José Mauro de Vasconcelos
Traduit du brésilien par Alice Raillard
Zézé a un secret : le confident de ses rêves est un oranger qui l'écoute et lui répond. Nécessaire exutoire à sa vie difficile, entre violence familiale et pauvreté.
10 ans et +
N°2

Lous le fada
Alain Surget
Tout le monde dans le village se méfie de Lous le fada et de sa mère, une rebouteuse à la réputation de sorcière, sauf Luce, sourde et muette. Peu à peu les tensions s'exacerbent dans le village.
10 ans et +
N°568

La vallée des Masaï
Alain Surget
Wah, berger masaï, rencontre un cavalier blanc. Est-ce cela un dieu ? Troublé, il se lance à sa poursuite dans un long voyage qui le mènera vers les Blancs...
10 ans et +
N°514

Stationnement interdit
Bertrand Solet
Deux familles, l'une tzigane, l'autre gitane, se croiseront dans un hôpital de Montreuil où sont soignés leurs deux enfants respectifs.
11 ans et +
N°609

La plus grande lettre du monde
Nicole Schneegans
Profondément éprouvé par la mort de sa grand-mère, Nicolas entreprend d'écrire la plus grande lettre du monde, destinée à sa future femme. Il y met tout son chagrin, mais aussi sa vie.
10 ans et +
N°723

Le mystère Esteban
Marie-Sabine Roger
Qui est Esteban, le nouveau qui ne parle à personne ? Robin est intrigué par cet enfant que l'on appelle "le gitan".
10 ans et +
N°612

L'enfant-loup
Florence Reynaud
Dans la Lozère de la fin du XIXe siècle, un médecin de campagne recueille un enfant sauvage qui a vécu parmi les loups. Son retour parmi les hommes est douloureux mais aussi plein de promesses.
10 ans et +
N°766

Poil de carotte
Jules Renard
Mal aimé, Poil de Carotte riposte par la ruse et trouve refuge au collège et chez un vieux parrain. Texte intégral.
10 ans et +
N°1122

Lola et les loups suivi de Tout seul
Anne-Marie Pol
Lola est sûre qu'il y a des loups dans la montagne, même si personne ne veut y croire. Elle découvre trois bébés loups qu'elle rapporte chez elle.
8 ans et +
N°550

Le mal dans la peau
Brigitte Peskine
Arrêté pour recel de drogue, Richard est pris dans un engrenage qui le conduira jusqu'en prison. Récit à deux voix où se croisent l'adolescent et son éducatrice.
12 ans et +
N°715

Sarah, l'enfant perdue
Brigitte Peskine
En collaboration avec Robert Crichton
Sarah a disparu il y a dix ans, en Camargue, alors qu'elle n'était qu'un bébé. Finn est prêt à tout pour la retrouver et la ramener en Irlande.
10 ans et +
N°619

Je ne veux plus jamais avoir 13 ans
Patricia Bullit
Le journal intime, aigu et bouleversant, d'une adolescente ordinaire dans les années 60.
12 ans et +
N°661

Emilio, mon frère !
Anne Mirman
Julio a été adopté par une famille française. C'est maintenant au tour d'Emilio, son frère. Mais Emilio s'enfuit de l'orphelinat de Rio.
10 ans et +
N°511
Prix de la Ville de Pithiviers
Prix de la sélection 1000 jeunes lecteurs 1995

Le lion magicien
Catherine Missonnier
Son ami le dompteur est mort, et Léo, le lion, ne se plaît plus au cirque. Alors, grâce à un foulard magique, il s'enfuit.
8 ans et +
N°607

Lettres à une disparue
Véronique Massenot
En Amérique du Sud, une mère pleure Paloma, sa fille disparue. Elle lui écrit des lettres et ses mots l'aident à supporter la douleur.
11 ans et +
N°654

Je serai pompier
Anne-Marie Desplat-Duc
Dans la famille de Clément, on est pompier de père en fils. Clément est déjà très impatient d'aller au feu.
9 ans et +
N°707

L'envers du décor
Gudule
L'envers du décor, c'est la rue, qui recueille tous les exclus de la société. Le petit Félix et sa mère y connaîtront la misère, la honte mais aussi l'espoir et la solidarité.
12 ans et +
N°564

L'immigré
Gudule
Avec Louis, Roberto le petit italien a enfin trouvé un ami. Sauf que le refrain "Italien, mangeur de chien" trotte sans fin dans la tête de Louis. Sur fond de mines en grève et d'ostracisme, un roman sur la difficulté d'accepter l'autre.
10 ans et +
N°734

La vie à reculons
Gudule
Thomas est devenu séropositif à la suite d'une transfusion sanguine. Un jour, tout le collège apprend son secret, et c'est le drame.
12 ans et +
N°509
Prix Ados de la ville de Rennes 1996
Prix des collégiens de la ville de Vannes
Prix Martinique du Livre de Jeunesse

Un bout de chemin ensemble
Gudule
Six histoires inoubliables, où l'homme et l'animal tissent des liens secrets et puissants.
10 ans et +
N°699

Klonk
François Gravel
Est-on condamné à subir l'adolescence, à rester affalé ou à se gominer les cheveux pendant des heures ? Klonk possède un remède infaillible pour éviter de devenir comme ses frères et ses sœurs aînés qu'il trouve sévèrement atteints.
11 ans et +
N°608

Un élève de trop
Julia Jarman
Traduit de l'anglais par Josette Chicheportiche
Danny est d'emblée le souffre-douleur de ses nouveaux "camarades" de collège. Même son meilleur ami d'enfance semble le fuir comme les autres. Pourquoi cette haine farouche ? Un voyage en France sur les plages du débarquement va tourner au drame.
11 ans et +
N° 719

Baby-foot
Joseph Joffo
Après le temps des billes, vient celui du baby-foot. La guerre est finie, le petit Jo a grandi et a d'autres choses en tête que le certificat d'études.
10 ans et +
N°537

L'âge heureux
Odette Joyeux
Le journal de Delphine
Parce qu'elles ont poussé une porte interdite, deux petits rats de l'Opéra de Paris risquent de perdre à tout jamais l'espoir de devenir danseuse.
9 ans et +
N°741

Deux pour une
Erich Kästner
Traduit de l'allemand par René Lasne
Lotte et Louise, les jumelles, qui ont été séparées par le divorce de leurs parents, décident de leur jouer un bon tour.
9 ans et +
N°12

Sœurs ennemies
Siobhán Parkinson
Traduit de l'anglais par Marianne Costa
Les journaux intimes de deux demi-sœurs qui se détestent.
12 ans et +
N°698

Pourquoi pas moi ?
Jeanne Benameur
Yasmina rêve d'appartenir à la bande exclusivement masculine des Buttes-Rouges. Mais pour cela, il faut passer l'épreuve « du mur de l'école ».
11 ans et +
N°614

Composition JOUVE – 53100 Mayenne
N° 333142p
Imprimé en France par HÉRISSEY - 27000 Évreux
Dépôt imprimeur : 95730 - éditeur n° 41106
32.10.2220.5/01 - ISBN : 2.01.322220.3
Loi n° 49-956 du 16 juillet 1949 sur les publications destinées à la jeunesse
Dépôt légal : janvier 2004